LES VIES ET ALLIANCES DES COMTES DE HOLLANDE ET ZELANDE, SEIGNEVRS DE FRISE.

A ANVERS,

De l'Imprimerie de Christofle Plantin
pour Philippe Galle.

M. D. LXXXVI.

TABLE ALPHABETICQVE DES
COMTES DE HOLLANDE ET
ZELANDE.

F I N.

1. Thierri d'Aquitaine.

CHARLES *Chauve me fit premier Comte en Hollande;*
Et son frere Loys me donna la Zelande;
Mais le trouble envieus de mon bien, de mon heur,
M'en eut en peu de temps chaßé sans l'Empereur.
Je tins par quarante ans les Danois en alarmes,
Epeurés de mes faits, de mon bruit, de mes armes.
L'AQVITAINE *me fut & surnom & berceau:*
GVNNE *fut mon espouse:* EGMONT *est mon tombeau.*

I

2. Thierri, 11.

THIERRI *second du nom & le deuzieme Comte,*
Par deus fois en deus ans les Frisons ie surmonte;
Qui avoient inhumains desinhumé les os
De mon pere, & chassé les Nonnains de leurs clos:
Mon pere l'avoit fait de bois au bois pour filles,
Pour hommes ie le fis de pierres & de tuilles.
HYLE *apres i'espousay fille du Roy Louys:*
A quatre-vingts-huit ans ie meurs en mon païs.

B 2

3. Arnoult.

J'estois comme tu vois quant ie prins ma maitresse,
Fille de THEOPHANE *Empereur de la Grece.*
La maison de Bredrode alligne ses parens,
Montant de fils en pere à l'un de mes enfans.
Le Frison revolté me fit cause de guerre,
Dont allay trionfer de sa terre en sa terre.
ARNOVLT *amy d'honneur, fus au camp massacré,*
Et au Convent d'Egmont mon corps est sepulcré.

Ehrn-
holdamy
d'hon-
neur, ou
aimant
l'hōneur.

B 3

4. Thierri, III.

Ce THIERRI ce vengeur de la mort de son pere,
Mena dedans la Frise vne trouppe guerriere;
Saccagea les cités, moißonna les bourgeois,
Prit l'Euesque d'Vtrecht, ses armes, ses harnois;
Pelerin du Sepulchre il fut en Palestine,
Et preus en rapporta victoire & palme insigne:
Mourant entre les bras de sa femme au retour,
A quarante-six ans borna son dernier iour.

Theodoricus Tertius

5. Thierri, IV.

I'AY *vescu neuf ans Comte achevant mon ieune age,*
Sans sçavoir que c'estoit du ioug de mariage;
J'ay chassé de Dordrecht l'Alleman fourrageur,
Qui machina ma mort, ma fin & mon mal-heur,
Car regardant veinqueur son armée veincue,
Il me lança dans l'aine vne sagette aigue.
Je fus de mesme nom que trois de mes ayeus,
Et en mesme sarcueil ie repose avec eus.

S Theodoricus Quartus

6. Florent 1.

DE *mon frere heritier, ie suis sixieme Comte,*
Ie prens ma femme en Saxe, & les Liegeois ie donte.
Lambert mon ennemi le Comte de Louvain,
En guerre prisonnier n'eschappe de ma main.
L'Electeur de Colongne au bord de Meuse & Vale,
Sentit veincu deus fois mon espée fatale:
Comme le sort se change! apres il me reprit,
Et regnant quatorze ans me fit rendre l'esprit.

6 *Florētius Primus*

7. Gertrude de Saxe.

Ie suis du sang Saxon fille du Prince Hemme,
Et du premier Florent premiere & seule femme,
Qui en veuvage vn an le païs gouvernay
Tres-soigneuse du bien de mon fils premier né.
Le Frison me pria de second mariage,
Que ie luy accorday, mais à peu d'avantage.
La mort me redonna à mon premier marit,
Mon corps le ioint en terre, & au ciel mon esprit.

7 Gertrudis Saxoniæ

8. Robert Frison.

COMME un vaillant Hector deffendy ma patrie,
M'opposant à Cæsar & à la Germanie.
Amoureus i'espousay la vesve de Florent,
Ie garday sa maison, ses Comtés, son enfant :
Huit ans ie regentay, ie vesquis huit ans Comte,
Ie conquis Salamine & Cypre & Amathonte :
Mais vuidant mon païs pour l'estranger effort,
A Cassele ie fus attrapé de la mort.

8 *Robertus Cognomento Frisius*

9. Godefroy de Lorraine , dit le Bossu.

IE *suis ce* GODEFROY, *ce donteur de Zelande,*
Qui par faveur d'Vtrecht conquestay la Hollande,
Qui en quatre ans plantay dans le Septentrion,
Delphe le fossilé tesmoin de mon renom.
Ie veinquis les Frisons captivés en la guerre.
Que sert de guerroyer & par mer & par terre,
Puis qu'une traistre main m'assassine à Anuers?
Dont sans enfans ie meurs & suis pasture aus vers.

9 *Gothifredus Lotharigæ Gibbus*

10. Thierri, v.

Il *franchit la Fortune, & chastia le prestre*
Qui causa le mal-heur de sa maison ancestre.
Pour acquester du bien l'homme a la force en main.
Et par force, dit-il, doit conserver son gain:
Veinqueur aussy par force il subiuga la Frise
Qui avoit contre luy fait secrette entreprise.
Il eut Vithilde à femme, il regna dixsept ans:
Son corps gist enterré avecque ses parens.

Theodoricus Quintus

11. Florent, 11. dit le Gras.

IE *le second* FLORENT, *de pieté ie paſſe*
Et de richeſſe auſſy les Comtes de ma raçe:
La fille i'eſpouſay de l'Empereur Lother,
Qui fit cloiſtre à Nonnains dedans Rheinbourg fonder.
Trente-deus ans ſuis Comte, & le Friſon ie range,
Reveſche de porter mon ioug à ſa couſtanze.
Ie meurs comme Dieu veut, & au cloiſtre d'Egmont
Mes os dans le tombeau de mes anceſtres ſont.

D 3

12. Thierri, VI.

THIERRI *sixieme prit* SOPHIE *Palatine,*
Qui le suivit compagne en toute Palestine,
Où las! elle mourut. En un iour par deus fois,
Il desfit les Frisons veincus des Hollandois.
Il assiegea Vtrecht; regna quarante années,
Et sont dedans Egmont ses cendres inhumées.
L'espine sur le front est la merque des Rois,
Qu'il eut pour diademe au pais Idumois.

12 *Theodoricus Sextus.*

13. Florent III.

IEVNE *ie fis l'amour à dame Ade d'Escosse,*
Et en fin i'en iouis par l'accord de ma noce.
Le rebelle Frison ia tant de fois veincu,
Fut encores de moy redonté reveincu.
Valleureux ie conquis des villes en Syrie,
Quant i'allay visiter le tombeau de Sophie.
La Parque racourcit mon fil de son fuseau,
Dont i'ay dans Antioche à Saint Pierre un tombeau.

E

14. Thierri, VII.

CE septiesme Thierri doux en pais, fort en guerre,
Attacqua les Frisons & son frere en leur terre.
Il veinquit Brabançons & Gueldrois & Flammans.
Et Bos-le-duc surpris le vit à ses despens.
Seul il y fut trahi & seul laissé sans ayde.
Ayant eu quelque temps en mariage ALEIDE,
Et gouvernant treize ans il mourut craint & fort;
Encores desdaignant la guerre apres la mort.

14 Theodoricus Septimus

15. Ade fille de Thierri.

Ade deut heriter la vertu, la sageſſe,
De ſes predeceſſeurs, ainſy que la richeſſe.
Elle print un marit ſuiuant ſa volonté,
Indigne de l'avoir & d'avoir ſa Comté.
Si elle meurt auſſy le iour du mariage,
En faut-il blaſmer Dieu ou l'heure du noçage?
Les Manes irrités de ſon pere en un iour,
Ont diſſout par la mort, & la noçe, & l'amour.

15 *Ada Theodorici Septimi Filia*

16. Guillaume frere de Thierri VII.

CE *Guillaume força par une deſtre ruſe*
Les chainons eſtendus ſur l'eau pres de Peluſe,
Dont les Bourgeois d'Harlem ſous ce chef valleureus,
Porterent leur renom par beaus-faits dans les cieus:
Sa femme la premiere eſtoit dame GVELDROISE,
La ſeconde MARIE eſtoit Princeſſe ANGLOISE:
Dixneuf ans il regna, & pour vivre en repos,
Il mourut à Rheinbourg où ſont encor ſes os.

16 Guilielmus Primus

17. Florent, IV.

MA *fille autant d'enfans fit en vne iournée,*
Qu'il peut avoir de iours, croiez-le, en vne année:
Comte ie fus douze ans, Mars ne me peut donter,
L'amour ialous me sceut meurtrir & surmonter.
Ma femme regrettant ma mort & sa fortune,
Pour Vestales bastit le cloistre de Lœsdune.
Ma sœur aupres de Delphe en fit vn aus faus-bourgs,
Nommé le Champ royal, & y finit ses iours.

F

18. Guillaume 11. Roy des Romains.

LEYDEN *t'emmaillotta, ta race te fit Prince,*
Hollande t'honnora Comte de sa province,
Elise te fit pere, & Rome t'esleut Roy,
A Hage mis la Cour ton Parlement de loy,
Tu fis faire à Harlem le monastere aus Carmes,
En Frise terrassé tu mourus en tes armes.
Tu fus Comte vingt ans, & sept ans Roy Romain:
La mort n'espargne point le Prince souverain.

Guilielmus Romanorũ Rex

19. Florent, v.

DES *rebelles Frisons tu fis le sang espandre,*
Vengeant ton pere mort, tu ramassas sa cendre;
Et la fis enterrer dans l'Isle de Valcker.
Deliberant venir les Flammans attacquer;
Ils t'offrirent devots leur Princesse & leur terre;
Ta femme t'enrichit de Flandre & de Dampierre.
On te tue à la chasse, où tes chiens t'ont pleuré:
Comte quarante-un an tu regis honnoré.

F 3

20. Iean de Hollande.

LA *fille* du grand Roy de la grande Bretagne,
Iean Comte Hollandois, fut ta femme brehagne:
De ton temps ceus de Delphe oserent massacrer
Deus de ton gran conseil & Veranne & Volphrer:
Tu dontas les Frisons; tu fis grandes conquestes:
Mais helas en quatre ans la mort borna tes gestes,
Et fit que trespassas marié sans enfans:
Tes os font compagnie aus os de tes parens.

20
Joannes Hollandiæ.

21. Iean 11. de Haynaut.

IE *fus Comte cinq ans, puis ie fus mis en terre:*
De ma femme eus trois fils trois foudres de la guerre:
Defquels la forte main m'affranchit de la peur
Que Brabant me faifoit avecque l'Empereur:
Par eus encor ie mis Guy de Dampierre en route:
Sirizé delivray & de fiege & de doute.
En pieçe ie taillay Flammans mes ennemis.
Mon corps à Valencienne apres cela fut mis.

G

22. Guillaume III. de Haynaut,
surnommé le Bon.

Ieanne de VALOIS fut celle qui te fit pere
D'enfans dignes de toy & dignes de leur mere,
Desquels l'vn au conflict te monstra sa vertu,
Te montant à cheval quant tu fus abbatu :
Dont brave trionfas des Flammans en la Flandre
A l'honneur des François desquels voulois despendre.
Pour vache prise à tort tu punis vn Bailli :
Regnant trente-deus ans tu fus enseveli.

Guillielmus 3. Hannoniæ Cognomento Bonus

23. Guillaume IV. de Haynaut.

IE suis le Haynouier qui d'vne main hardie,
Portay mes estendars iusques en Numidie,
Qui assiegeay, qui pris les bollevars d'Vtrect,
Et qui eternisay saintement ce beau faict
D'vne Procession chasque an de moy nommée,
Au iour que i'y menay par bresche mon armée.
Ie meurs troisieme Comte en Frise entre mes gens,
Et aupres de Bolsvart on m'enterre à Fleurchamps.

23   Guilielmus 4 Hanoniæ

24. Marguerite sœur de Guillaume 1 v. femme
de Louÿs de Baviere, Roy des Romains.

L A *vefve au Roy de Rome & fœur au defunt Comte,*
Caufa dans la Hollande & faction & honte,
Car bien qu'elle euft quitté le droit de ce païs,
Pour fon droit toutes-fois requerella fon fils.
C'eftoit affes qu'ailleurs elle eftoit Royne grande,
Sans travailler ainfy fon fils & la Hollande,
Qu'en cinq ans il fallut contrainte delaiffer :
La mort fit fon envie & le trouble ceffer.

24. *Margarita. Imperatrix.*

25. Guillaume v. de Baviere.

Ce GVILLAVME *espousa Mechthilde de Lancastre*
Marié sans enfans poursuivi de desastre.
Il assaillit Vtrecht, il fit des factions
Sous le nom emprunté de Merlus, d'Hamecons;
Il devint hors du sens en la fleur de ieunesse,
Pour avoir molesté sa mere en sa vieillesse,
Bien qu'elle eut quelque tort; mais il ne faut iamais
Offencer pere ou mere. il est ores en pais.

H

26. Albert de Baviere, frere de Guillaume v.

I'EVS *deus femmes d'vn nom, l'vne fut Polonoise,*
Et la seconde fut Marguerite Clevoise:
Souvent ie subiugay le Frison rebellè:
Par moy Delphe fut pris & fut desmantellé.
A la Haye en Hollande ordonnay des Chanoines,
Que i'esleus gens de bien & sçauans & idoines.
Ie commanday mourant qu'on me mit au tombeau,
Qui est dans ma Chapelle à la Haye au chasteau.

H 2

27. Guillaume vi. de Baviere.

I'AY *fourragé la Frise,* & *butiné tout Liege,*
I'ay tormenté la Gueldre & *de camp* & *de siege.*
A l'ayde des Delphoys i'allay desengager
Les os de mon grant oncle au païs estranger.
I'eu la fille du Roy pour ma premiere femme;
Et la seconde fut de la Bourgongne dame.
Ie meurs à Valencienne ayant regné treize ans,
Ie repose au sarcueil avec mes peres grans.

27 Gulielmus Bauariæ Sextus

28. Iean III. de Baviere, Evesque de Liege.

TA fauçeté, ta forçe, & la foy de Dordrecque,
Te fit quitter la chaire & la mitre d'Euesque,
Pour aspirer aus biens & aus grans revenus
De ta nieçe pupille à l'ayde des Merlus.
A Lucembourg fianças & espousas Elise,
Maugré sanguinité & ton ordre d'Eglise.
Tu ne fus pas long-temps & Comte & marié,
Par mort en un seul iour fus plaint & oublié.

28. *Dns Johannes Bauariæ*

29. Iaqueline de Baviere.

L'AMOVR par quatre fois me mit en mariage,
La mort par quatre fois me fit estre en veuvage.
Gorcome i'ay surprins maugré Guillaume Arlois,
En vn iour ay perdu presque trois mille Anglois.
A Philippe ay cedé mon païs, ma couronne,
Pour rauoir mon marit de prison Bourguignonne.
Dix ans regnay en peine: or auec mon ayeul
Contente ie repose en vn mesme sarcueil.

I

30. Philippe de Bourgogne,
surnommé le Bon.

EN premier mariage espousay ma Michelle,
Au second dame Bonne, au troisiesme Isabelle:
Quant furent revoltés les Gantois & Brugeois,
Ie fis & iuray trésve avecque le François.
Ie fis la Toison d'or, à Calais mis le siege,
Je surprins Lucembourg, ie debellay le Liege.
En Hollande opprimay la ligue d'Hameçon,
Trente-quatre ans regnay, & mourus à Digeon.

30. *Philippus Burgund Cogn Bonus.*

31. Charles de Bourgogne le belli-
queus ou le hardi.

MON pere me chaſſa, ie revins, i'eu trois femmes,
Vne d'Evreus Angloiſe & deus Françoiſes dames.
A Malines ie fis premier le Parlement,
Liege ie ruinay iuſques au fondement.
Ie dontay le Gueldrois, ie vengeay mon beau-pere,
Les Suiſſes i'attacquay mais à mon vitupere:
Aus Lorrains i'en voullus, & ie fus deſconfit:
A ſaint George à Nancy René m'enſevelit.

31. *Carolus Burgundiæ*

32. Marie de Bourgogne ou de Charlois, fille de
Charles, & femme de Maximilian d'Auſtriche.

CE *Maximilian ceſt Archiduc d'Auſtriche,*
Qui fut Roy des Romains m'eſpouſant ſe fit riche:
Les partialités d'Hameçons, de Merlus
En Hollande à mon dam ſe remirent deſſus.
Lucine par trois fois aus couches me fit grace,
Ie tombay de cheval en courrant à la chaſſe;
Toſt apres ie mourus, à Bruges ſont mes os,
Et mon eſprit heureus eſt au ciel en repos.

32
Maria Charlesia

33. Maximilian d'Auſtriche.

IE *ne ſuis l'heritier, non ie ne ſuis pas Comte,*
Mais contable à mon fils de ſon bien ie fay conte:
Seulement ie preſide & regente douʒe ans,
Pour luy rendre le tout quant il en ſera temps.
Ce que i'ay c'eſt pour luy, ie ne veus le deſtruire,
Ie ſuis, & c'eſt aſſés, content de mon Empire.
Deus eſpouſes i'ay eu; mort trouble mon eſtat,
Avec ma mere ſuis entombé dans Neuſtat.

33   Maximilianus Austrius

34. Philippe 11. d'Auſtriche.

MON pere me donna mes biens & une femme,
L'infante d'Arragon Princeſſe ſans diffame,
Mere de ſix enfans Roynes & Empereurs:
Douze ans ie tins Hollande exente de frayeurs:
Par ma femme heritay le royaume d'Eſpagne.
Mais la mort par ma mort troubla fort ma compagne,
Qui dolente amaſſa & ma cendre & mes os,
Et lavés de ſes pleurs me les mit à Burgos.

34 Philippus 2ᵘˢ Austrius

35. Charles v. d'Auſtriche Empereur.

FRANÇE, *Afrique, Turquie, Alemagne, Angleterre,*
Ont à leurs dams ſenti que peut mon bras en guerre.
J'ay oultre Gibaltar mes colonnes planté.
Ma femme Portugaiſe a Philippe enfanté.
Hollande ay poſſedé quarante trois années,
J'ay mes principautés à mon fils reſignées.
Ma cendre eſt à Granate, & mon eſprit aus cieus,
Loin du ſouci mondain il ſurvit bien-heureus.

33. *D. Carolus Quintus Augustus*

36. Philippe iii. d'Austriche.

Ie suis de pere en fils heritier de Hollande,
Ie suis le successeur du Comté de Zelande,
A saint Quentin sous moy fut veincu le François,
Et à Lepante encor battu le camp Turquois.
Cupidon attisant dans mes veines ses flammes,
M'a fait en divers temps espouser quatre femmes.
De la derniere i'ay un seul & dernier fils.
Encore Catholique en Espagne ie vis.

36 D. Philippus Rex Catholicus

L'ordre.	Noms.	Mariages.	Sepulcres.	Ans de leurs gouvernements.	Temps de leurs morts.
1.	Thierri d'Aquitaine.	Gunne, fille de Pepin, roy d'Italie.	Egmont.	40.	903. le 6. d'Octobre.
2.	Thierri 2. de Hollande.	Hyle, fille de Louys roy de France.	Egmont.	85.	988. 6. de May.
3.	Arnould.	Luytchare, fille de Theophane Empereur de Constantinoble.	Egmont.	5.	993. 22. Septemb.
4.	Thierri 3.	Vithilde d'Otton de Saxe 2. Empereur.	Egmont.	46.	1039.
5.	Thierri 4.	Sans femme.	Egmont.	9.	1048. 15. May.
6.	Florent.	Gertrude, fille de Hemme x. Duc de Saxe.	Egmont.	14.	1062.
7.	Gertrude de Saxe vefue.	Florent. Robert Frison.	Egmont.	1. Vefue.	1063. Chassé de son païs.
8.	Robert Frison.	Gertrude.	Cassale.	8.	1071.
9.	Gotefroy de Lorraine, le Bossu.		Utrecht.	4.	1075. 25. Feburier.
10.	Thierri 5.	Vithilde, fille de Frederic de Saxe.	Egmont.	17.	1092. 18. d'Aoust.
11.	Florent 2. dit le Gras.	Petronelle, fille de Thierri Saxon.	Egmont.	31.	1123. 6. Mars.
12.	Thierri 6.	Sophie, d'Otton Palatin.	Egmont.	40.	1163. 5. d'Aoust.
13.	Florent 3.	Ade, de Henry Roy d'Escosse.	Antioche.	27.	1190.
14.	Thierri 7.	Aleyde, de Thierri de Cleues.	Egmont.	13.	1203.
15.	Ade.	Louys, Comte de Lossen.	Mettelbourg.	1.	1204.
16.	Guillaume, frere de Thierri 7.	Aleyde, d'Otton de Gueldre : & Marie, fille d'Etmond de Lancastre.	Rheinbourg.	19.	1223.
17.	Florent 4.	Mechtilde, de Henry Duc de Brabant.	Rheinbourg.	12.	1235.
18.	Guillaume 2. Roy des Romains.	Elisabeth, de Henry de Brunsuic.	Middelbourg.	20.	1252. 28. Ianvier.

L'or-dre.	Noms.	Mariages.	Sepulcres.	Ans de leurs gouuer-nemens.	Temps de leurs morts.
19.	Florent 5.	Beatrix, de Guy de Dampierre, Comte de Flandre.	Rheinbourg.	41.	1296. 27. Iuin.
20.	Iean de Hollande.	Elisabeth, d'Eduard 1. Roy d'Angleterre.	Rheinbourg.	4.	1300. 29. Octob.
21.	Iean 2. de Haynaut, fils de la sœur de Guillaume Roy des Romains.	Philippe, de Lutzembourg.	Valencienne.	5.	1305. 12. Septemb.
22.	Guillaume 3. de Haynaut, dit le Bon.	Ianne, de Charles de Valois.	Valencienne.	32.	1337. 9. Iuin.
23.	Guillaume 4. de Haynaut.	Ianne, de Jean de Brabant.	Au cloistre de Fleurcháps, dit Oudenclooster: & puis à Valencienne.	9.	1346. 24. Septemb.
24.	Marguerite, sœur de Guillaume 4.	Louys Empereur.	Valencienne.	5.	1351.
25.	Guillaume 5. de Bauiere	Mechtilde, de Henry de Lancastre.	Valencienne.	7.	emprisonné ou gardé phrenetique 2358.
26.	Albert de Bauiere frere de Guillaume.	Marguerite, de Bryge en Pologne. Marguerite, d'Adolphe de Cleues.	à la Haye.	46.	1404.
27.	Guillaume 6. de Bauiere.	Marie, de Charles 5. Roy de France. Marguerite, de Philippe de Borgogne.	Valencienne.	13.	1417. 7. Iuin.
28.	Iean de Bauiere Euesque de Liege.	Elisabeth, de Lucembourg, fille d'Anthoine Duc de Brabant.	à la Haye.	6.	1424. 3. Ianvier.
29.	Iaqueline de Bauiere.	Iean, Daulphin de France. Iean 4. de Brabant, qui fit l'Vniuersité de Louuain. Hunfrede, de Clocestre. François, de Borzelen Conte de Osteruan.	Haye.	10.	1433.

L'ordre.	Noms.	Mariages.	Sepulcres.	Ans de leurs gouvernements.	Temps de leurs morts.
30.	Philippe *de Borgogne*.	Michelle, *de Charles 6. Roy de France,* Bonne, *Robert d'Artois, Comte de Heu.* Isabeau, *de Jean Roy de Portugal.*	*Digeon.*	34.	1467. 16. Iuin.
31.	Charles *le belliqueus de Borgogne.*	Catherine, *de Charles 7. Roy de France.* Isabeau, *de Bourbon.* Marguerite, *de Richard d'Evreus.*	*Nanci.*	10.	1477. 6. Ianvier.
32.	Marie *de Charlois fille de Charles.*	Maximilian, *fils de Frederic d'Austriche Empereur.*	*Bruges.*	5.	1482. 27. Mars.
33.	Maximilian *d'Austriche.*	Marie *de Bourgogne fille de Charles.* Marie, *fille du Duc de Milan.*	*Neustat.*	12.	1494.
34.	Philippe *d'Austriche.*	Ianne *de Ferdinand Roy d'Espaigne.*	*Granate pres de Burgos.*	12.	1506.
35.	Charles *d'Austriche.*	Isabeau, *d'Emanuel Roy de Portugal.*	*Granate.*	43.	1549.
36.	Philippe *Catholique.*	Marie, *de Jean Roy de Portugal.* Marie, *de Henry Roy d'Angleterre.* Isabelle, *de Henry Roy de France.* Anne, *de Maximilian Empereur.*